DE LA LIBERTÉ

EN

FRANCE ET AUX ÉTATS-UNIS

DE L'AMÉRIQUE DU NORD.

PARIS. — IMPRIMERIE ET FONDERIE DE G. DOYEN,
RUE SAINT-JACQUES, N. 38.

De la
LIBERTÉ EN FRANCE
ET
AUX ÉTATS-UNIS
DE L'AMÉRIQUE DU NORD.

Courte conversation sur un vaste sujet.

Paris

CHEZ TOUS LES MARCHANDS DE NOUVEAUTÉS.

1831

DE LA LIBERTÉ

EN

FRANCE ET AUX ÉTATS-UNIS

DE L'AMÉRIQUE DU NORD.

On est plus libre aux États-Unis, dit une dame qui ne craignait pas de se mêler au grave entretien dont ces mots indiquent le sujet.

— Oui, messieurs, s'écrie un jeune homme avec le ton de l'enthousiasme, c'est dans ce pays *favorisé du ciel* [1] que l'homme est véritablement

---

[1] Cette expression est souvent dans la bouche des Américains, qui, avec raison sous beaucoup de rapports, sont amoureux et fiers de leur patrie. Les mots *our blessed country* sont un texte que paraphrasent à l'envi les orateurs, les publicistes, même les prédicateurs. Voici une anecdote qui montre jusqu'où ils portent quelquefois leur prédilection pour le sol natal. Dans un des états les plus fertiles et les meilleurs de l'Union, le Kentucky, vrai pays de Cocagne, un prédicateur essayait de peindre à son auditoire la félicité promise aux élus dans le Paradis; après avoir épuisé toutes les hyperboles de la langue, ne trouvant plus rien d'assez fort pour rendre sa pensée, enfin, mes frères, s'écria-t-il, le Paradis est un vrai Kentucky.

1

libre. C'est là qu'il possède la conscience de ses droits et le juste sentiment de sa dignité. Point de majesté devant laquelle il faille courber le front; point de caste privilégiée qui humilie ses inférieurs par la vanité des titres nobiliaires. Tous les citoyens sont égaux, depuis celui qui, sous le nom modeste de *président*, administre une immense république, jusqu'au dernier de ses compatriotes. Les lois, faites par tous et pour tous, n'ont d'autre but que de procurer à chacun la plus grande somme de bonheur possible et d'étendre à l'infini le domaine de la liberté.

— Liberté si large en effet qu'elle renferme le droit d'avoir des esclaves, répond un incrédule. Voilà donc ce que l'on propose sérieusement à l'admiration et à l'envie de l'Europe! voilà l'idole nouvelle que l'on encense chaque jour, et dont nous devons au plus vite embrasser le culte!

— J'en suis fâché pour ceux qui ont amené la conversation sur ce terrain, dit alors un nouvel interlocuteur; ils subiront bon gré mal gré la peine de m'entendre. Car si quelqu'un peut se laisser tenter de rompre une lance à son tour dans la lutte difficile engagée souvent sur les institutions des États-Unis, c'est, je crois, celui qui a passé une année presque entière à parcourir ce pays célèbre; qui s'y est promené dans tous les sens depuis les cataractes de Niagara jusqu'au golfe du Mexique, depuis la baie de Chesapeak jusqu'au Missouri;

Qui a fait connaissance et avec le rude *Yankee* de la Nouvelle-Angleterre [1] et avec l'habitant jadis français de la Louisiane;

Qui, en 1829, a vu le général Jackson inauguré président de la plus puissante des républiques, avec moins de cérémonial peut-être qu'il n'en fallait en France pour la réception d'un juge-auditeur, quand il y avait des juges-auditeurs;

Qui se souviendra long-temps de la morue suspendue aux voûtes de la chambre des représentants du Massachusetts, et des épis de maïs sculptés sur les murs du Capitole à Washington, emblèmes destinés, comme un sac de laine fameux, à rappeler au peuple les deux sources de ses richesses, le commerce maritime et l'agriculture;

Qui n'a jamais assisté aux séances de la cour suprême de l'Union, sans entendre un constable proclamer à haute voix les vieux mots français *oyez, oyez, oyez;* chose assurément curieuse, qu'une formule, importée jadis en Angleterre par la conquête du bâtard, se soit transplantée en Amérique,

---

[1] Le mot *yankee* est un sobriquet donné jadis par les Anglais aux insurgés de la Nouvelle-Angleterre, et qui est resté aux habitants des cinq états dont se compose aujourd'hui cette partie de l'Union. Les bons *Yankees* se glorifient plus qu'ils ne s'offensent d'être ainsi appelés; ils passent pour des hommes très-industrieux, mais aussi pour

et qu'après huit siècles, ce débris de despotisme subsiste encore au sein de la nation la plus indépendante du monde ;

Qui, dans un pays où vingt-quatre constitutions débutent par une déclaration des droits de l'homme, a vu l'esclavage peser sur un sixième environ de la population [1], et de misérables tribus indiennes, libres, mais mourant de faim, chassées de leur sol natal par la civilisation dont elles ne veulent pas subir le joug [2].

L'ENTHOUSIASTE.

Puisque vous êtes allé visiter les États-Unis, avouez donc, sans tant de préambule, votre admiration pour cette heureuse contrée. Le spectacle offert par une république dont les citoyens se gouvernent eux-mêmes, avec gloire, à bon marché, doit

être doués de beaucoup de finesse ou plutôt d'astuce. En un mot, ce sont les Normands de l'Amérique.

[1] La population des États-Unis s'élevait, d'après le recensement de 1820, à 9,638,226 habitants. Les esclaves entraient dans ce nombre pour 1,538,118. Le recensement de 1830 a donné 12,793,697 âmes, dont 2,011,320 esclaves.

[2] Ceci se rapporte particulièrement à la nation des *Creeks* ne trouvant plus de quoi vivre dans son enclave entre l'Alabama et la Géorgie, et forcée d'aller chercher une patrie nouvelle à l'ouest du Mississipi.

enflammer de l'amour de la liberté les cœurs les plus froids. Personne aujourd'hui n'oserait contester l'excellence de leur gouvernement. S'il trouve encore quelques détracteurs, ce sont les éternels ennemis de toute amélioration sociale, ces apôtres d'un régime usé qu'on n'écoute plus, surtout depuis qu'une voix illustre a proclamé la constitution des États-Unis comme la plus parfaite que les hommes réunis en société civile puissent se donner [1].

LE VOYAGEUR.

L'autorité que vous invoquez mérite le respect universel. Mais admirer sur parole ne suffit pas; il faut examiner soi-même. La première observation à faire est, selon moi, celle-ci : les États-Unis sont une confédération de républiques [2] dont chacune a son gouvernement à part. La constitution générale, citée souvent comme modèle, est le recueil des règles qui gouvernent ces états comme membres

[1] Lettre du général La Fayette aux électeurs de Meaux. Juin 1831.

[2] Dans un écrit assez récent, intitulé : *De la Constitution américaine, par M. Beaumont, citoyen des États-Unis,* 1831, le nom de *départements* est employé pour désigner les états dont se compose l'Union. C'est, je crois, en donner une fausse idée aux Français, qui, trompés par l'inexactitude de ce terme, croiraient pouvoir assimiler les états d'une république fédérative aux départements du royaume de France. On sent que la différence est énorme;

d'une même société politique. Hors de là, chacun,
reprenant sa nationalité individuelle, adopte le
mode d'administration intérieure qui lui convient,
sauf contrôle en certains cas. Ce serait donc une
erreur de juger du plus ou moins de liberté dont
jouissent les citoyens des États-Unis, uniquement,
d'après la constitution fédérale. Tel droit qu'elle
paraît ne restreindre en aucune façon, peut se
trouver limité, à l'égard de certains états, par leurs
constitutions particulières. Je ne dis pas que cela
soit toujours; je dis que cela est possible, et j'en
conclus qu'il est nécessaire de conférer avec la loi
générale de toute l'Union, la loi spéciale de chacune
de ces petites républiques indépendantes. Je puis
donner quelques exemples de l'erreur à laquelle
on s'exposerait sans cette précaution :

1° La constitution fédérale n'impose aucune
condition de fortune, soit pour l'exercice des
droits d'électeur, soit pour l'admission aux cham-
bres législatives. Mais il n'est presque aucun état
dont la constitution particulière n'exige dans ces
deux cas un cens quelconque. Celle de la *Caroline
du Sud* va même jusqu'à refuser le droit d'être re-
présentant à quiconque ne posséderait pas au
moins dix noirs esclaves avec cinq cents acres de

d'une part, il y a division et indépendance politique ; de
l'autre, simple circonscription territoriale destinée à rendre l'administration plus facile.

terre [1]. Ce cens peut à la vérité se résoudre en une somme purement pécuniaire ; mais la pensée qui a dicté cet article n'en est pas moins digne d'attention ; la Caroline du Sud paraît n'avoir voulu pour législateurs que des hommes intéressés au maintien de l'esclavage.

2° Le gouvernement général ne peut conférer aucun titre qui rappelle des classifications nobiliaires [2]. Cependant la constitution du Massachusetts, dérogeant à cette prohibition, en accorde au gouverneur et au lieutenant gouverneur de l'état. Le premier est appelé *son excellence* et le second *son honneur* [3].

3° Voici qui a plus d'importance : l'égalité religieuse est une des bases de la liberté américaine. La constitution fédérale n'y met aucune restriction. Elle ne reconnaît pas ce que nous avons eu trop long-temps en France, une *religion d'état tolérante* à l'égard des autres cultes, c'est-à-dire, par une induction logique de ce terme, se réservant le droit de les persécuter. Cependant quelques états de l'Union excluent formellement des emplois ceux qui professent telle ou telle croyance. Ainsi, dans la *Caroline du Nord*, les protestants seuls sont admissibles aux charges publiques [4].

[1] Art. I, §6.
[2] Art. I, sect. ix, § 7.
[3] Chap. II, sect. i et ii.
[4] Art. 32.

Dans le *Massachusetts* on ne peut exercer certaines fonctions, et dans le *Maryland* on n'en peut exercer aucune, sans le serment préalable de croyance à la religion chrétienne [1]. La *Pensylvanie* est un peu plus libérale ; elle ne déclare incapables que les athées qui ne croiraient pas à l'existence d'un Dieu rémunérateur et vengeur dans une vie à venir [2]. On reconnaît ici l'influence des idées des quakers fondateurs de cet état. Il en est de même du *Mississipi* et du *Tennessee* [3]. Dans le *New-Jersey*, un article porte qu'aucun protestant, quel que soit son culte, ne peut être écarté des emplois publics pour cause de religion [4] ; disposition singulière qui semble craindre de prononcer l'exclusion, mais qui la contient très-virtuellement.

L'INCRÉDULE.

Eh bien ! cette égalité politique et religieuse objet de tant d'éloges, à quoi se réduit-elle ? La France n'a-t-elle pas ici l'avantage ? Repousse-t-elle des emplois les juifs, les catholiques ? Soumet-elle

---

[1] Chap. VI, art. I de la constitution du Massachusetts.— Art. 55 de la constitution du Maryland.

[2] Art. IX, § 4.

[3] Art. VI, § 6 de la constitution du Mississipi.—Art. VIII, § 2, de la constitution du Tennessee.

[4] Art. IX.

à une sorte d'inquisition les athées qui, s'il en existe de sincères, ne doivent être justiciables que de leur conscience? A une époque peu glorieuse de notre histoire, il fallait des certificats de catholicité pour s'avancer dans la carrière des fonctions publiques; à une autre époque bien désastreuse, il a fallu des certificats de civisme, même tyrannie sous des noms différents, dont il ne reste heureusement plus en France que le souvenir.

L'ENTHOUSIASTE.

Un petit nombre de dispositions inexécutées peut-être ne prouvent rien contre l'esprit général de l'union américaine en matière de foi religieuse. Dans ce pays, nous disent tous ceux qui le connaissent, règne une fraternité touchante, une admirable concorde entre l'unitaire et le catholique, le quaker et le presbytérien, le méthodiste et l'anglican. Vingt autres sectes religieuses que je pourrais nommer, celle même des *danseurs* [1] existent et professent leur doctrine l'une à côté de l'autre,

---

[1] On les appelle *shakers*. Ce nom leur vient de ce qu'ils s'agitent le corps d'une façon extraordinaire dans la célébration de leur culte. Ils vont plus loin, car non contents de chanter les louanges de Dieu, ils dansent en son honneur dans leur temple, les hommes d'un côté, les femmes de l'autre. C'est à une Anglaise, nommée *Anne Leese*,

sans jalousie, sans trouble, sans autre rivalité que celle de former des hommes bons et vertueux, des citoyens dévoués à la patrie.

LE VOYAGEUR.

C'est un fait qu'on ne peut révoquer en doute, la paix des États-Unis n'est point troublée par la multiplicité des cultes qui s'y sont établis. Mais je crois qu'il en faut faire honneur beaucoup moins à l'esprit de fraternité inspiré par des institutions républicaines, qu'aux lumières que le temps et la civilisation ont répandues sur le globe. Dans tout pays où ces lumières ont pénétré, les persécutions de l'intolérance sont devenues heureusement impossibles. La France n'est certes pas en arrière des nations les plus éclairées sous ce rapport, depuis que les mots *religion d'État* sont rayés de sa Charte, que la loi sur le sacrilège a été abrogée, et que le

qu'ils attribuent l'origine de leur secte, en l'année 1770. Un des points fondamentaux de la doctrine des shakers est la communauté des biens et l'abolition du mariage. Tout absurde qu'elle est, cette doctrine ne laisse pas de faire quelques progrès. Parmi les établissements qu'ils possèdent on remarque celui de *New-Lebanon*, joli village de l'état de New-York. Ils se distinguent par un grand amour du travail et par une propreté ravissante sur leurs personnes, comme dans tout ce qui les entoure.

culte israélite, salarié par le trésor public, jouit de la même faveur que les cultes chrétiens.

Mais il y a ici un point essentiel à remarquer. Dans la république américaine, le gouvernement général et celui de chaque état restent étrangers à tout ce qui concerne la religion, et ne se chargent pas d'en salarier les ministres. Ce devoir est rempli par les citoyens eux-mêmes, qui, se réunissant en certain nombre pour former ce qu'ils appellent une *congrégation*, bâtissent une église à leurs frais, et y font célébrer le culte de leur choix, par des prêtres payés au moyen de cotisations volontaires. En France, au contraire, c'est l'État qui accorde un traitement aux ministres du culte, et qui fait les frais de l'instruction religieuse à donner au peuple. Lequel de ces deux systèmes est le meilleur? J'hésite à prononcer. Le système américain paraît plus approprié aux formes d'un gouvernement libre qui ne veut pas exercer, même indirectement, la plus légère contrainte sur les consciences, en leur offrant un culte établi. Mais certaines personnes trouvent celui de la France plus paternel et même non moins libéral, car, entre plusieurs cultes établis, le choix est toujours libre. Le gouvernement, disent-elles, doit au peuple l'enseignement de la morale, comme un bon père de famille le doit à ses enfants. Or, pour une grande partie du peuple, la morale, c'est la religion. Vous ne les séparerez jamais dans l'esprit des habitants des campagnes, de ces villages surtout bien nombreux en France, où la civilisation ne peut triompher des idées superstitieuses. Si l'État abandonne tout-à-fait le soin de la religion à la piété individuelle, on peut craindre que les citoyens, soit par indifférence, soit par impossibilité de fournir aux frais, ne finissent par être privés de toute espèce de culte. C'est le sentiment que j'ai entendu exprimer par des Américains mêmes. Dans leurs plus anciens états, le zèle religieux est loin de s'attiédir. Il n'en est pas ainsi des états plus jeunes, situés à l'Ouest, fort éloignés de leurs aînés, et composés pour la plupart d'émigrants d'Europe ou d'Amérique, allant y chercher fortune. Ces émigrants ne sont pas l'élite de la population, et l'on n'en reproche qu'avec plus de vivacité au gouvernement général l'abandon où il les laisse sur tout ce qui tient à la religion. Ce sont des foyers d'impiété, disent les plus zélés, qui se forment au sein d'un peuple éminemment religieux et moral.

J'avouerais ma préférence pour le système français, si je n'étais rebuté par les gros traitements dont jouissent chez nous les fonctionnaires décorés, je crois, du titre de princes de l'église. Ce dispendieux état-major consume sans fruit le prix dû aux travaux de la milice inférieure vraiment utile, de ces curés qui, touchant immédiatement au peuple, ont la mission de l'instruire et de le consoler dans ses peines.

L'INCRÉDULE.

Vous avez parlé du zèle religieux toujours si vivace dans les anciens états de l'union; mais ne sort-il jamais des bornes? ne prend-il pas quelquefois les apparences du fanatisme, particulièrement le dimanche? Je voudrais savoir si, ce jour-là, chacun est parfaitement libre sur le sol classique de la liberté?

LE VOYAGEUR.

Il serait injuste d'appeler fanatisme une sévérité qui étonne et qui gêne les catholiques européens accoutumés à fêter le dimanche par le plaisir autant que par la prière, mais qui semble naturelle dans la plupart des pays protestants. Toutes les occupations profanes, tous les amusements sont interdits; point de journaux, point de spectacles, point de voitures sur les places publiques; les boutiques fermées, les lieux de promenade déserts, les rues silencieuses, des chaînes tendues auprès de certaines églises pour empêcher le passage pendant le service divin, tout annonce le recueillement profond de la piété ou l'ennui le plus accablant. Cette rigueur ne se borne pas à l'enceinte des villes; elle s'étend même aux bâteaux à vapeur et paquebots qui naviguent dans l'intérieur ou sur l'Atlantique. J'y ai vu les cartes et tous autres jeux expressément défendus le dimanche, la bibliothèque fermée à clef, la Bible seule laissée à la disposition des lecteurs, et d'imprudents passagers vivement admonestés, parce qu'ils s'avisaient de fredonner autre chose que des airs de cantiques.

Les dispositions législatives qui font un devoir du désœuvrement, sont plus ou moins exigeantes suivant les localités. On cite notamment sur ce sujet certaines lois de la Nouvelle-Angleterre, dont la sévérité allait jusqu'au ridicule; mais qui tombent peu à peu en désuétude. Les mœurs et les préjugés ont à cet égard plus de force que les lois. Le petit nombre est obligé de se soumettre à la volonté du plus grand; car c'est aux États-Unis, plus que partout ailleurs, que la loi de la majorité est bien comprise et fidèlement suivie. Les juifs, qui célèbrent leur culte le samedi, ne devraient pas être astreints à la solennisation d'un autre jour; la liberté peut paraître violée à leur égard; mais tel est l'empire de l'habitude, qu'aucune réclamation ne s'élève. Les ardents dévots semblent même vouloir ajouter à la rigueur des lois et usages existants, puisque en 1829 des pétitions nombreuses ont été adressées au congrès pour qu'à l'avenir il fût interdit à la malle aux dépêches de faire son service le dimanche. Cette demande, restée alors sans succès, triomphera peut-être dans un autre temps ; car elle était l'ouvrage des prêtres, et, quoique protestants, leur ambition n'est, dit-on, ni moins intéressée, ni moins infatigable dans ses poursuites que celle des prêtres catholiques si souvent noircis de ce vice.

Quoi qu'il en soit, je préfère nos usages français, non par amour de la dissipation et de la frivolité auxquelles est en partie consacré parmi nous le jour que d'autres passent uniquement dans la prière, mais par une considération qui touche les classes les plus pauvres. Elles ont besoin de gagner leur vie (c'est l'expression usitée parmi elles), le dimanche comme pendant le reste de la semaine. Ne serait-il pas cruel de les priver de pain, sous prétexte que la sainteté du jour ne permet aucune occupation profane ? J'aime au contraire à voir les petits marchands promener leurs boutiques ambulantes nonobstant le dimanche [1], étaler aux yeux des passants le fruit de leur industrie,

[1] Je sais que ces actes et beaucoup d'autres sont interdits par la loi du 18 novembre 1814, non encore abrogée. Mais la désuétude est aussi un mode d'abrogation des lois, et c'est le sort que je souhaite à celle-ci, qu'on peut regarder comme contraire à la liberté de conscience.

et profiter du superflu qui peut se trouver dans la bourse des autres. N'est-il pas juste aussi qu'après avoir bien travaillé l'on se réjouisse ? La loi qui en ferait la défense serait non seulement barbare, mais impolitique. L'oisiveté, l'absence de tout amusement, peuvent avoir de funestes suites ; et l'on remarque aux États-Unis que ce jour de désœuvrement produit plus d'incendies que les autres.

L'INCRÉDULE.

Maintenant, messieurs les amis du peuple, qui l'endoctrinez si bien, qui cherchez à lui prouver que la France est esclave parce qu'elle ne jouit pas du système républicain en vigueur par de là l'Atlantique, transportez-y quelques uns de ces hommes qui sont libres chez nous de gagner leur pain chaque jour sans exception, puis demandez-leur de quel côté il y a le plus de liberté.

L'ENTHOUSIASTE.

Il est vraiment puéril de s'arrêter à de pareilles minuties. La rigoureuse observation du dimanche tient chez les Américains à l'austérité des mœurs, à la piété, à des sentiments qui les honorent. La liberté de conscience quoi qu'on en dise, n'en souffre aucune atteinte. Mais en supposant que

sous ce rapport, la France marche l'égale des
États-Unis, comparez la législation des deux pays,
dans ce qui regarde la liberté de la presse, la liberté d'aller et venir sans l'odieuse inquisition des
passeports, la liberté de l'enseignement, ces droits
précieux de l'humanité ; j'ajouterais la liberté des
théâtres, s'il ne s'agissait d'un peuple ennemi de
la frivolité et qui n'attache de prix qu'aux arts
vraiment utiles. Vous nous direz ensuite si la
France a le droit de s'enorgueillir, si elle ne doit
pas rougir, au contraire, de honte et de douleur,
en se voyant si éloignée du rang qu'occupe son
alliée du nouveau monde.

LE VOYAGEUR.

La liberté de la presse est illimitée aux États-
Unis. Elle n'est assujettie à aucune restriction de
timbre ni de cautionnement ; aussi nul pays au
monde ne produit autant de journaux ; on en porte
le nombre à huit ou neuf cents. Il n'est presque
point de petite ville qui n'ait son journal quo-
tidien ou au moins hebdomadaire. Les imprimeries,
n'ayant pas besoin de privilèges, sont extrême-
ment multipliées ; on les regarde, pour ainsi dire,
comme un objet de première nécessité. Quand une
ville nouvelle s'élève (et on les voit naître comme
par enchantement), les premiers établissements

2

qui s'y forment sont : un hôtel (*public house*),
pour recevoir les nombreux voyageurs qui parcourent le pays, une église de telle ou telle dénomination, souvent une banque, et enfin, pour peu
que le pays offre de ressources, une imprimerie.

La grande multiplicité des journaux est facile à
expliquer dans un pays où presque tous les citoyens savent lire, ont des droits politiques plus
ou moins étendus à exercer et sont obligés de se
tenir au courant des affaires publiques. Or les distances sont trop grandes, pour que, dans les petites
villes éloignées des grandes qui ont plus d'influence, on attende l'arrivée des journaux de ces
dernières. D'ailleurs il n'est pas si mince canton'qui
n'ait sa politique locale à laquelle il faut un organe,
et dès qu'il y paraît une feuille arborant la couleur
soit de l'administration, soit de l'opposition, la
concurrence ne tarde pas à s'établir dans le sens
contraire ; ce sont donc deux journaux au lieu
d'un. Les besoins industriels sont une autre cause
qui favorise l'extension de la presse périodique ;
une gazette est là, comme en Angleterre, un vaste
recueil d'annonces commerciales ; à ces espèces

' J'évite le mot *comté*, qui serait la traduction littérale
de *county*, parce que ce mot, emprunté de la féodale Angleterre, semble faire anachronisme de langage aux États-Unis, qui cependant le conservent toujours.

d'affiches, le rédacteur joint une dissertation sur
la politique du jour, quelques nouvelles, quelques
articles scientifiques ou littéraires sur le mérite
desquels le goût du public ne se montre assurément pas difficile; et voilà comment se trouve
remplie la feuille de la plus grande dimension. En
France, il en doit être différemment; les lecteurs
veulent qu'un journal soit écrit avec talent. Or les
grandes villes seules, sauf quelques exceptions,
possèdent des écrivains capables de vouer leur
plume à ce genre de littérature et de satisfaire
l'exigence du public; les petites villes préfèrent
un journal de Paris bien écrit et leur donnant les
nouvelles les plus fraîches; à celui qu'elles pourraient créer dans leur propre sein. Une feuille
spéciale ne pourrait leur devenir nécessaire que
dans le cas où les intérêts locaux nés des institutions municipales demanderaient une discussion
uniquement appliquée à eux.

Un autre obstacle au grand développement de
la presse périodique en France résulte de l'impôt
du timbre et de l'obligation de fournir un cautionnement. Il serait à cet égard impossible aux
journaux français de ne pas envier l'heureuse fran-
chise de ceux des États-Unis. Mais il est à craindre
que les voix qui s'élèvent parmi nous pour demander une liberté sans limites, ne réussissent pas

de long-temps à se faire écouter. Les institutions
politiques les meilleures, dira-t-on, ne conviennent
pas également bien à tous les pays. La situation des
finances aux États-Unis rend inutiles la plupart des
impôts dont les peuples sont écrasés en Europe.
Cette situation est tellement prospère, que l'on pré-
voit déjà l'année où la dette publique sera entière-
ment remboursée, et que le gouvernement appelle
dès à présent la discussion sur le meilleur emploi
qu'il faudra faire alors de l'excédant des revenus.
Pourquoi, dans de pareilles circonstances, son-
gerait-il à tirer un produit des journaux au moyen
du timbre ? En France, au contraire, où tant d'objets non seulement de luxe, mais même de nécessité, sont soumis au payement d'une taxe, on ne voit
pas quel motif empêcherait d'en lever une aussi
sur le besoin que l'on satisfait, ou la jouissance
qu'on se procure en lisant un journal. Ce n'est pas
l'impôt que le peuple trouvera le plus injuste,
quand il faut payer le droit de voir clair, de res-
pirer l'air extérieur et de faire usage du sel.

A l'égard du cautionnement exigé de la presse
périodique, comme garantie des condamnations
qu'elle peut encourir; c'est une gêne dont il serait
désirable qu'elle fût affranchie. Mais l'exemple de
l'Amérique, dira-t-on, est encore ici sans appli-
cation possible. La presse, chez nous, exerce une
puissance bien plus grande que dans un pays où

les esprits sont calmes, où le gouvernement est
assis depuis long-temps sur des bases inébranlables,
où, tout le monde étant d'accord sur les principes
qui doivent régir la société politique, il n'y a plus
de débat possible que sur des détails d'administration ou des choix de personnes. Il n'en est pas de
même dans notre patrie où, à la suite de tant de
secousses sociales, les passions vivement excitées
donnent à la presse un caractère de violence plus
ou moins prononcé, et l'exposent à de coupables
excès envers les gouvernants comme envers les
gouvernés. Ses avantages et ses services sont in-
contestables; ses abus ont aussi une vivante réalité,
et c'est pour en assurer la réparation que la ressource du cautionnement a été introduite dans nos
lois. Telle est l'objection qui ne cessera d'être élevée
contre les amis de l'affranchissement complet des
journaux; mais j'avoue que je voudrais voir cette
objection appuyée sur l'expérience. Il est difficile
de croire que, sous un régime de non-caution-
nement, les écarts de la presse offrissent plus de
dangers que ceux dont nous sommes témoins. En
supposant même cette garantie nécessaire pour
la répression des abus, son effet n'est-il pas de con-
centrer dans trop peu de mains la faculté de créer
un journal, par conséquent de donner à la presse
une puissance, qui, plus divisée, serait aussi plus
faible et moins dangereuse ?

La liberté des théâtres tient en quelque sorte à la liberté de la presse. Mais n'ayant pas sur les destinées de la nation la même influence, elle n'a pas droit non plus à autant de faveur ni de latitude. Cependant l'une est illimitée maintenant en France du moins en droit, tandis que l'autre est encore enfermée dans de certaines bornes. C'est, à ce qu'il me semble, une singulière anomalie. La liberté théâtrale, depuis que nous en jouissons, ne fait pas faire à l'art dramatique les progrès qu'on se plaisait à prédire comme infaillibles. Elle produit du scandale, puisque les personnes, traduites sur la scène, n'ont eu d'autre ressource, en l'absence d'une loi qui les protège, que des réclamations stériles dans les journaux. Les attaques dirigées par ce moyen contre le gouvernement sont un autre abus. L'opposition est permise sans doute, et même indispensable à la marche du gouvernement représentatif; mais il faut qu'elle fasse bonne et loyale guerre. La tribune et les journaux, voilà son champ de bataille et non point le théâtre. La presse, a-t-on dit avec raison, est comme la lance d'Achille qui guérit les blessures qu'elle a faites. Il n'en est pas de même des pièces jouées en présence du public. Le gouvernement, maltraité par elles sur la scène, n'a pas sur-le-champ à sa disposition une arme du même genre pour repousser les coups qu'on lui porte. En vain l'on invoquerait encore

l'exemple des États-Unis : ce pays n'a pas jusqu'à
ce jour de littérature dramatique qui lui appar-
tienne en propre; ou du moins ce qu'on en pourrait
citer est trop peu important pour fixer l'attention.
Il emprunte ses acteurs et ses pièces à son ancienne
métropole. Or, la censure des ouvrages drama-
tiques a été établie en Angleterre sous le règne de
Georges II, et je ne sache pas qu'elle ait été sup-
primée depuis. Ce sont donc des pièces censurées,
pour la plupart, que l'on joue sur les théâtres des
États-Unis.

La libre circulation sans passeports, autre sujet
d'envie que j'apprécie mieux que personne! avec
quelle charmante facilité on voyage aux États-Unis!
Ceux à qui il prend envie de changer d'air ou de
place, n'ont de permission à demander à personne.
Vous allez du nord au sud, de l'est à l'ouest; vous
entrez dans les *Steam-Boats*, dans les *Stages*;
vous vous arrêtez partout où il vous plaît, sans que
nulle part vous apparaissent des hommes sinistres
ayant mission de la loi pour vérifier votre signa-
lement, et plus propres à inquiéter le voyageur pai-
sible, qu'à lui *donner aide et protection en cas de
besoin,* malgré la formule du passeport. J'ai parcou-
ru, sur un espace de deux mille quatre cents lieues,
des routes, des rivières, des lacs couverts d'allants
et venants, sans apercevoir l'ombre même d'une
police. Tant de facilité ne nous est malheureuse-

ment point permise sur notre vieux continent. L'ag-
glomération des états européens qui se pressent les
uns contre les autres, les polices jalouses et dé-
fiantes des gouvernements, les populations com-
pactes qui recèlent beaucoup de malfaiteurs,
d'autres motifs encore, rendent, je crois, inutiles
tous les vœux que nous pourrions former pour l'a-
bolition des passeports. Qui sait si les États-Unis
eux-mêmes ne seront pas un jour forcés de recourir
à cette mesure préventive, lorsque l'immense ac-
croissement de leur population aura rendu plus
pressante la nécessité de quelque police ! Déjà l'affluence des étrangers, des hommes sans aveu surtout que l'Europe ne cesse d'y envoyer avec beaucoup d'honnêtes gens, le nombre assez considérable
de mauvais sujets enfantés par le pays même, tout
libre qu'il est, sont une cause d'inquiétude très lé-
gitime. Nous quittons la France en maudissant cette
police qui s'attache à nos pas jusqu'en pleine mer;
et à peine débarqués sur un sol qui n'en connaît
point, nous la regrettons; ou, du moins, si ce mot
paraît trop fort, nous voudrions qu'une autorité
protectrice veillât quelquefois au bien-être des particuliers. Les États-Unis sont pleins de ces voleurs
appelés *pick pockets* qui pourraient lutter d'adresse
avec les plus rusés filous de Londres et de Paris. J'ai
vu rarement mes compagnons de voyage américains
tranquilles pendant la nuit sur le sort de leurs ef-

fets, tant il leur arrive souvent d'être dévalisés. Le fléau des incendies, suite naturelle non seulement de l'incurie des habitants et des vices de construction, mais aussi de l'impunité assurée aux malfaiteurs, s'y renouvelle plus souvent peut-être qu'en aucun autre lieu du globe. Je n'ai guère passé trois jours de suite dans les grandes villes des États-Unis, sans qu'un incendie s'y manifestât. J'ai vu brûler à New-York deux grandes salles de spectacle (Bowery et Lafayette théâtres). La moitié d'une ville très florissante (Augusta sur la Savannah) a été la proie des flammes un mois après le séjour que j'y venais de faire ; et il n'y a pas long-temps que nous avons appris par les journaux l'incendie total d'une ville de la Caroline du nord appelée *Fayetteville* en l'honneur de notre illustre compatriote. L'habitude du mal en a heureusement rendu le remède facile dans la plupart des cas. Les grandes cités ont des corps de pompiers parfaitement organisés et servis. L'impression causée par ce fléau s'affaiblit même en raison de son fréquent retour. On finit par n'être plus ému du tocsin et des cris *au feu* qui retentissent si souvent. Je me souviens que dans les premiers jours de mon arrivée à New-York, je lisais le soir des journaux dans un cabinet de lecture. Les cris *fire, fire* (au feu) se firent entendre à la porte même de l'établissement sans qu'aucun de ceux qui lisaient comme moi levât les yeux de son livre.

La liberté complète de l'enseignement est encore un des heureux fruits de la constitution américaine. Le gouvernement général ne se mêle de l'instruction primaire que pour aider à la formation des écoles. Les états nouveaux sont forcés par la loi qui les admet dans l'union, de réserver sur le prix de leurs terres une portion spéciale destinée à l'établissement d'écoles publiques élémentaires. Du reste, point de monopole; l'enseignement est une industrie libre comme toutes les autres. Permis à tout particulier de l'exercer sans dépendre d'un corps universitaire, et sans se soumettre au payement d'une taxe que rien ne justifie. Il se forme ainsi des maisons d'éducation appropriées aux besoins des individus de toutes les classes et dont le succès est subordonné au zèle, à la capacité, aux mœurs de ceux qui les dirigent. Je ne partage pas, je l'avoue, la susceptibilité d'un professeur célèbre qui préfère dans des instituteurs le titre de fonctionnaires publics à celui d'industriels[1]. Qu'importe qu'on les range dans cette dernière classe, si, en se vouant à l'instruction, c'est la plus noble de toutes les industries qu'ils exercent? Il est, je le sais, dans la nature des professions industrielles de faire des expériences, de

[1] Voyez la deuxième lettre au ministre sur l'enseignement en Allemagne, publiée par la *Revue de Paris*, en août 1831.

risquer un peu dans l'espoir d'obtenir beaucoup, et loin de moi la pensée d'encourager des essais trop aventureux sur l'intelligence du jeune âge. Mais si la concurrence introduite dans cette carrière comme dans les autres, a l'heureux effet de simplifier les méthodes, d'abréger le temps des études, d'épargner aux familles de trop fortes dépenses, à l'esprit des enfants de trop pénibles efforts, avec quel intérêt ne mérite-t-elle pas d'être excitée! quel inconvénient trouverait-on dans le défaut de contrôle de l'autorité? Est-il un père de famille qui, voulant sincèrement le bien de ses enfants, allât chercher, pour les instruire, un maître incapable ou immoral? Celui qui n'offrirait aucune garantie de mœurs et d'instruction ne tarderait pas à se voir délaissé. La libre concurrence, produisant ici son fruit comme partout ailleurs, ferait bien vite distinguer le bon du mauvais. Elle aurait l'avantage incontestable de multiplier les écoles en raison du besoin qui en existe, et de répandre abondamment l'instruction dans les classes inférieures trop longtemps privées de ce bienfait. Hâtons-nous donc d'admettre cette liberté au nombre de celles que nous possédons déjà.

Il faut cependant l'avouer : si elle est d'un grand secours pour l'instruction primaire, elle ne favorise pas autant l'éclat des études supérieures. Un gouvernement ami de la gloire littéraire du pays doit donc conserver celles-ci sous son autorité tutélaire. Sans gêner dans les particuliers le droit de former de grands établissements, son devoir est de maintenir et de perfectionner tous ceux qui déjà sont dans sa dépendance. La facilité qu'il a d'appeler à lui les savants les plus illustres, de ne rien épargner pour les progrès et la splendeur des études, lui assurera toujours sur les établissements particuliers une supériorité marquée. Les États-Unis nous offrent encore l'exemple de cette protection accordée à l'enseignement supérieur. Il y a des universités ou colléges fondés aux dépens du public, où l'on enseigne les hautes sciences, le droit, la médecine, en un mot ce qui fait ici l'objet des divers cours dans nos facultés. Le gouvernement général se charge même d'entretenir pour toute l'Union, une école militaire (celle de West-point) formée sur le plan de notre École polytechnique [1]. Mais dans ces hauts colléges, les études ne brillent pas, dit-on, d'un bien vif éclat, tandis que l'instruction primaire est très-répandue partout aux États-Unis, très-florissante. C'est le con-

---

[1] L'établissement de *Westpoint* occupe une position magnifique sur le fleuve Hudson, entre Albany et New-York, lieu devenu célèbre par la trahison d'Arnold. Cette école égale ou même surpasse la nôtre, s'il faut en croire les Américains, un peu trop prévenus toujours en faveur d'eux-mêmes. La question de supériorité serait bientôt résolue,

traire chez nous; que la France retienne donc, qu'elle augmente même l'avantage qui lui appartient dans un genre, et que dans l'autre elle se mette enfin sur la voie des progrès, en abandonnant à la libre concurrence des instituteurs le soin de répandre parmi le peuple l'instruction élémentaire.

L'ENTHOUSIASTE.

Ce qui mérite d'être remarqué, c'est que la liberté de l'enseignement qui contribue avec tant de puissance au bien-être du peuple, allège beaucoup les charges du trésor public; double avantage d'un gouvernement économe, digne encore à cet égard de servir de modèle à certains pays de la vieille Europe, où les peuples, plongés dans l'ignorance, sont écrasés par le poids des listes civiles, des sinécures, des cumuls, des gros traitements.

L'INCRÉDULE.

Oui, vantez-nous les douceurs du gouvernement à bon marché qui, importé en France, ferait périr le peuple de misère.

si l'on réfléchissait que l'Amérique n'a pas, comme la France, des savants du premier ordre à qui elle puisse confier l'instruction de ses *cadets*, car c'est encore de ce nom quasi-féodal qu'on appelle aux États-Unis les jeunes élèves qui étudient l'art militaire.

LE VOYAGEUR.

La question d'économie dans les dépenses de la république américaine demanderait un examen détaillé du budget fédéral de l'Union, rapproché du budget spécial de chacun des vingt-quatre états [1]. Je me borne à dire que les emplois subalternes dans les diverses branches d'administration sont, sans doute, assez largement payés, puisque, comme en France, leurs avantages pécuniaires excitent aussi l'ambition. Lorsqu'en 1829 l'administration de M. Adams fut remplacée par celle du général Jackson, il y eut une curée de places presque semblable à celle dont nous fûmes témoins après notre révolution de juillet.

Mais voyez combien les usages et les opinions diffèrent de peuple à peuple! Qu'en France, où l'on est si prodigue de la fortune publique, quelqu'un s'avise de proposer l'allocation d'un traitement ou indemnité aux membres de nos assemblées délibérantes, un cri presque unanime s'élevera pour repousser cette innovation qui tuerait l'honneur attaché au caractère du député, qui offrirait une prime aux intrigues et à la corruption dans les colléges électoraux. Eh bien! ce qui nous révolte paraît la chose la plus simple du monde aux États-

---

[1] Cet examen a été fait avec soin dans le numéro 12 de la deuxième série de *la Revue britannique*.

Unis. Là, représentants et sénateurs reçoivent tous ce qu'on appelle une *compensation* de huit dollars (43 à 44 francs) par jour qu'ils passent au congrès, et de la même somme par chaque fois vingt milles qu'ils ont à parcourir pour se rendre au congrès et pour retourner dans leurs foyers. En supposant une session de trois mois et une distance moyenne à parcourir de 120 milles (40 lieues environ) pour l'aller et le retour, évaluation trop basse plutôt que trop élevée, la dépense annuelle est d'environ deux cents mille dollars, plus d'un million de notre monnaie. Espérons que notre budget en France ne sera jamais grevé d'une prodigalité semblable.

Si le budget des États-Unis est parcimonieux, c'est dans le traitement attribué à quelques-unes des hautes fonctions de la république. Elles sont, dit-on, trop faiblement rétribuées pour que l'accès en soit permis à tous les citoyens. Il en résulte une sorte d'exclusion indirecte qui viole le principe de l'admissibilité de chacun aux emplois. On ne peut, par exemple, à moins d'être fort riche, aspirer au poste de président de l'Union. Plusieurs des grands hommes d'état qui ont tant brillé dans l'exercice de cette charge, en sont sortis presque ruinés.

Les appointements attachés à la présidence de la république sont de vingt-cinq mille dollars (135,500 francs); et l'on rapproche complaisam-

ment cette modeste allocation de l'énormité de la
liste civile en France. Mais combien les charges en
sont différentes! un journal qui devrait au moins
donner des idées justes à ceux auxquels il s'adresse,
le journal des Amis du Peuple, insistait sur cet
exemple d'économie dans un de ses premiers numéros. Voyez, disait-il, le président des États-
Unis; 135 mille francs lui suffisent pour faire fleurir les sciences, les belles lettres, les arts. Cette
erreur, volontaire sans doute, mérite à peine une
réfutation. Louez, vous en avez le droit, l'économie américaine; mais dites la vérité sur la desti-
nation des appointements alloués au chef suprême
de l'état. Il ne reçoit certainement pas de ses gouvernés l'onéreuse mission de faire fleurir les sciences, les lettres, les arts. Ni les caisses du trésor,
ni la bourse du président ne s'ouvrent pour ces
objets. L'industrie particulière y pourvoit à sa guise.
C'est encore une différence importante à remarquer : le gouvernement des États-Unis n'entretient
aucun de ces beaux établissements qui honorent
la France, comme magnifiques musées, riches
cabinets d'histoire naturelle, immenses bibliothèques. Si dans quelques villes, on voit des col-
lections d'objets d'art et d'histoire naturelle,
décorées du nom fastueux de *Muséum*, elles
appartiennent à des particuliers qui en font spé-
culation, et le public n'est admis qu'en payant à

les visiter; de même à l'égard des bibliothèques. Le petit nombre de celles qui existent sont le produit des souscriptions de quelques sociétaires qui seuls y sont admis; le public n'en profite pas. Une nation, vouée au commerce et à l'industrie, ne renferme pas non plus tout un peuple de savants, d'hommes de lettres, d'artistes dont il faut encourager et soutenir les travaux utiles et honorables pour le pays, autres charges dont le trésor américain est exempt et le nôtre grevé. Faut-il en conclure que nous devrions nous délivrer au plus vite de ce fardeau? A Dieu ne plaise! l'économie doit sans doute présider enfin aux dépenses publiques; appelons-la de tous nos vœux; ne cessons de la prêcher à nos gouvernants; mais craignons aussi que des mains trop parcimonieuses ne laissent tomber en ruines une des gloires de la France. La libéralité de nos institutions scientifiques et littéraires fait l'admiration des étrangers. Conservons précieusement un avantage qui mérite bien d'être acheté par quelques sacrifices pécuniaires.

L'INCRÉDULE.

Vous avez tout à l'heure cité l'exemple de plusieurs présidents ruinés dans l'exercice de leurs fonctions. Vous auriez pu pousser plus loin leur histoire en ajoutant que M. Monroe est mort il y a peu de temps dans une profonde misère, sans que le pays daignât venir au secours du magistrat qui l'avait gouverné pendant huit ans. Ce n'est pas tout : la tombe de Washington, que la nation laisse dans un abandon coupable, parle, je crois, assez haut. Voilà donc où vous conduisent ces institutions républicaines si vantées, à l'égoïsme, à une horrible ingratitude.

L'ENTHOUSIASTE.

Cette indifférence, si l'on veut bien y réfléchir, s'explique par la nature même d'un gouvernement dont l'égalité fait la base. Quand un président, ayant accompli la mission qui lui a été confiée par ses compatriotes, rentre dans la vie privée, on oublie qu'il a occupé le poste le plus élevé de la république, pour ne plus voir en lui qu'un simple citoyen. Hommage rendu à l'égalité !

L'INCRÉDULE.

Belle égalité vraiment que celle d'un pays à esclaves ! Demandez à ceux qui ont couru le monde, dans quel coin du globe ils auraient trouvé par hasard cette chimère qu'on nomme égalité, ce fruit avorté ou encore à naître des fausses théories du siècle.

LE VOYAGEUR.

L'égalité de fait, j'en conviens, est chimérique. Mais il en existe une autre, celle de la loi, sans laquelle tout gouvernement ne serait qu'un abus de la force. On supporte facilement dans autrui l'orgueil des titres de noblesse, quand aucun privilége n'y est attaché, comme aujourd'hui en France. Ce ne sont le plus souvent que des hochets nominaux dont s'amuse une vanité ridicule. Mais ce qui est fait pour humilier profondément, c'est que la loi ne soit pas la même pour tous; c'est qu'elle dispense l'un d'une charge et qu'elle en accable l'autre; c'est que, comme au bon temps de nos aïeux, elle condamne, pour une même faute, le noble à une simple amende, le vilain à être pendu ou écorché vif. Cette inégalité révoltante n'existe certainement pas aux États-Unis; nous-mêmes en France, nous en avons secoué le joug. Le règne d'une loi égale pour tous est enfin venu. Le dernier des hommes du peuple et le plus pompeusement titré sont jugés par les mêmes tribunaux et d'après les mêmes règles. Tous sont déclarés également admissibles aux emplois publics. Le budget frappe sur les uns comme sur les autres. Quelques abus à réformer n'empêchent pas que nous ne jouissions du principe dont les heureuses conséquences se féconderont de plus en plus.

Quant à l'égalité de fait, c'est tout autre chose.
Celle-là, croyez-moi, n'a pas plus établi son empire dans le nouveau monde que dans l'ancien.
Aux États-Unis, me direz-vous pourtant, point
d'aristocratie : vraiment non; vous n'y verrez point
de ducs, de marquis, de comtes... La susceptibilité nationale s'est prononcée si fortement contre
toute espèce de distinction, que l'ordre ou plutôt
la société de Cincinnatus, formée peu de temps
après la révolution pour honorer ses principaux
auteurs, fût abolie, comme contraire à l'égalité
qui doit régner entre tous les citoyens. Les étrangers qui arrivent, porteurs de décorations, sont
obligés de s'en dépouiller pour ne pas blesser le
préjugé national. Ainsi tout est placé sur le même
niveau si l'on ne songe qu'aux titres et aux mar-
ques distinctives. Mais malheureusement, aux
États-Unis comme partout ailleurs, on voit le pau-
vre à côté du riche; le dénûment de la misère près
des jouissances de la fortune; ici de chétives ma-
sures, là d'élégantes ou de somptueuses maisons.
Le spectacle de la pauvreté, quoique plus rare
qu'en Europe, m'y semblait d'autant plus triste
que, sous prétexte d'égalité, elle semble conserver toujours un peu de prétention à l'opulence.
Plusieurs des Américains qui voyagent dans notre
pays, ne peuvent se faire, disent-ils, à la différence
de costume entre le paysan et l'habitant des villes,

comme si ce n'était pas la même race d'hommes.
De mon côté, je ne pûs voir chez eux, sans
éprouver un sentiment pénible, le contraste
du luxe et de l'indigence, chez des femmes
qui se coiffent artistement, qui se parent d'une
robe de ville, pour demeurer au milieu des bois,
dans des cabanes faites de troncs d'arbres (log-
houses), où le vent et la pluie pénètrent, et qu'as-
siègent tous les besoins de la vie. J'ai eu cette bizar-
rerie à observer plus d'une fois.

Qu'importe donc qu'il n'y ait pas d'aristocratie
de naissance, s'il y a l'aristocratie de l'argent.
L'une ne vaut guère mieux que l'autre. La première conserve même encore quelques racines
dans les mœurs privées du pays, si l'on en croit ceux
qui le connaissent bien. Les habitudes, le caractère des habitants sont trop anglais dans tout ce qui
ne touche pas à la politique rivale des deux nations,
pour qu'il ne reste pas chez eux des traces de cette
orgueilleuse aristocratie de l'Angleterre dont ils
ont, pour ainsi dire, sucé le lait.

L'esprit de supériorité aristocratique s'était si
bien acclimaté dans les colonies anglaises, qu'il a
survécu à la conquête de leur indépendance et contribué à faire introduire dans leur constitution fédérative le pouvoir législatif intermédiaire du sénat.
Les auteurs de cette constitution, publicistes du plus
éminent mérite, ont été préoccupés d'une singulière

idée : le peuple, ont-ils dit, aura pour mandataires les représentants. Mais les divers états de l'Union, considérés comme individus et, pour ainsi dire, comme hauts et puissants seigneurs, auront aussi en cette qualité leur représentation. Chacun enverra au congrès deux sénateurs, nommés par sa législature, et dont le nombre sera fixe pour tous, quelque différence de population qui existe entre eux. Je dis que cette pensée a contribué à leur faire admettre la seconde chambre appelée sénat; mais ce n'est certes pas la seule raison qui les ait déterminés. Ils ont examiné trop mûrement la nature de tous les pouvoirs politiques, interrogé l'histoire avec trop de soin, pour ne pas indiquer le vrai motif de cette institution. Qu'on lise le Fédéraliste, cet excellent ouvrage sorti de la plume des Hamilton, des Jay, des Madison; on verra qu'ils ont été pénétrés de la nécessité indispensable de former un pouvoir modérateur servant de barrière contre les envahissements de la chambre populaire [1]. Plu-

[1] J'offre ici en preuve la traduction de quelques passages des numéros 62 et 63 du *Fédéraliste* :

« Ce qui rend l'existence d'un sénat indispensable, c'est
« le danger que court une assemblée unique et nombreuse
« d'obéir aux passions du moment, de se laisser maîtriser
« par des esprits factieux, et entraîner aux résolutions les
« plus violentes et les plus funestes. On pourrait en trouver
« des exemples sans nombre et dans l'histoire des États-
« Unis et dans celle des autres nations (ceci était écrit en

sieurs journaux ont dernièrement prétendu que
le sénat est un rouage inutile dans la constitution des États-Unis. Je crois que ces journaux se
trompent. Il faut distinguer deux sortes de pouvoirs exercés par le sénat : l'un législatif, l'autre
exécutif puisque son concours est nécessaire pour
la validité des traités avec les puissances étrangères
et des nominations à certains emplois civils. Or, je
conçois assez que cette seconde attribution em-

« 1788). Afin que le corps intermédiaire soit exempt des pas-
« sions fougueuses qu'il est appelé à tempérer dans l'autre,
« il faut le rendre moins nombreux ; pour qu'il puisse dé-
« ployer la fermeté nécessaire, il faut donner à ses pouvoirs
« une plus longue durée. » (Les sénateurs sont élus pour six
ans ; le président de la république n'est élu que pour quatre
ans ; les représentants pour deux.). . . . . . « Cette institution
« peut encore servir de sauve-garde au peuple contre ses
« propres erreurs. L'avantage des gouvernements libres
« est que l'opinion publique finit toujours par y prévaloir.
« Or n'est-il pas à craindre que le peuple, aveuglé par une
« passion quelconque, séduit par un avantage illégitime,
« trompé par les déclamations intéressées de certains hom-
« mes, ne demande énergiquement des mesures que bien-
« tôt lui-même sera réduit à déplorer et condamner ? Ne
« sera-t-elle pas éminemment salutaire, dans de pareilles
« circonstances, l'intervention d'un corps de citoyens cal-
« me et respecté, qui l'arrêtera dans la route où il s'égare,
« et retiendra le coup dont il est prêt à se frapper lui-
« même, jusqu'au moment où la raison, la justice, la vé-
« rité, reprendront sur lui leur empire ? Quelle douleur

barrasse la marche déjà si lente du gouvernement
représentatif, parce que le sénat n'est pas toujours
en session, et qu'en attendant qu'il puisse ratifier
l'œuvre du président, celui-ci ne fait que du pro-
visoire. Mais il n'en est pas de même du pouvoir
législatif dont ce corps est revêtu. Les auteurs du
fédéraliste ont bien su en faire apprécier l'importance. En vain dit-on que ce contre-poids n'a pas
encore agi, que par conséquent il forme une inu-

« amère les Athéniens se seraient épargnée si leur gouver-
« nement eût été pourvu de ce préservatif ! La liberté popu-
« laire n'aurait pas encouru chez eux l'ineffaçable opprobre
« de condamner un jour des citoyens à la ciguë, pour leur
« élever des statues le lendemain. » . . . .
. . . . « Ces considérations prendront beaucoup de force
« si l'on consulte l'histoire. Aucune des républiques an-
« ciennes qui ont eu quelque durée, Sparte, Rome, Car-
« thage, n'exista sans le contre-poids d'un sénat. Dans les
« deux premières les sénateurs jouissaient à vie de leur di-
« gnité. On a moins de certitude à l'égard de la troisième ;
« mais tout porte à croire que l'institution était la même.
« Il est sûr du moins que, par ses attributions quelconques,
« le sénat de Carthage était aussi comme une ancre des-
« tinée à protéger le vaisseau de l'état contre le flot popu-
« laire. Ces exemples, quoique peu susceptibles d'être imi-
« tés en Amérique, prouvent cependant, si l'on réfléchit à
« l'existence éphémère et turbulente des autres républiques
« anciennes, le besoin d'une institution qui, avec la liberté,
« donne chez nous au gouvernement de la force et de la
« consistance. »

tile complication dans la machine politique : mais
si le bonheur des temps a voulu jusqu'ici que le besoin ne s'en fît pas sentir, peut-on répondre que
les circonstances ne changeront pas? Une chose
bien remarquable, c'est que, malgré cette inutilité
prétendue, les états postérieurement entrés dans
l'Union, se sont tous donné une seconde chambre.
Il n'est guère, je crois, que l'état de Vermont dont
la législature consiste dans une chambre unique.
La Virginie a conservé le sénat dans sa constitution
particulière qu'elle vient de renouveler en 1830.
Est-il raisonnable d'ailleurs, en supposant que le
sénat des États-Unis ne présente pas, comme corps
intermédiaire, une utilité bien réelle, de conclure
de ce fait le peu de nécessité d'une seconde chambre
dans un autre gouvernement, celui de la France, par
exemple? Comme si l'on pouvait assimiler en tout
des pays aussi différents et les régir d'après les
mêmes principes politiques.

L'INCRÉDULE.

J'aimerais autant que l'on se risquât sur une mer
orageuse avec la frêle embarcation qui suffit pour
descendre un fleuve tranquille.

LE VOYAGEUR.

Je reviens aux vestiges d'aristocratie qu'on pré-

tend apercevoir encore aux États-Unis. Ils sont,
dit-on, très-fortement marqués dans certains états,
comme ceux du centre et du sud, où l'esclavage
subsiste toujours, où, par conséquent, les esprits
sont imbus, dès l'enfance, d'idées qui répugnent à
une égalité naturelle entre tous les hommes. Les
personnages européens titrés que la curiosité de
voir un pays et un gouvernement neufs a quelquefois conduits aux États-Unis, ont pu acquérir
sur ce point une expérience personnelle. Le duc
de Saxe-Weimar (le même, je crois, qui au mois
de juillet 1831 est entré en Belgique à la tête d'une
armée hollandaise) a publié la relation du voyage
qu'il fit en Amérique en 1825. Il croyait, dit-il,
n'attirer l'attention de personne dans un pays d'é-
galité; quel fut son étonnement quand il vit les
visites, les invitations, les compliments pleuvoir
autour de lui! Sa modestie et son bon sens con-
tribuèrent sans doute beaucoup à lui gagner les
cœurs; mais le titre sonore de duc de Saxe-Weimar entra aussi pour quelque chose dans les attentions empressées dont il fut l'objet. Enfin, écoutez
les conversations, lisez les journaux, les livres qui
peuvent vous donner une idée des mœurs républicaines du pays; vous verrez qu'on fait une distinction très-réelle entre la haute société et le bas
peuple [1].

[1] L'expression *the highest class of society* a passé bien sou-

L'ENTHOUSIASTE.

Le sentiment bien naturel de préférence que dans le monde nous témoignons pour ceux dont les qualités peuvent donner du charme à la vie, ne doit pas être confondu avec la hauteur insultante des castes prétendues nobles. Aux États-Unis, comme en Europe, le défaut de culture peut se faire sentir dans une partie du peuple; mais en général on ne lui voit point cette immoralité honteuse, qui, chez les nations moins libres, est trop souvent le partage de la multitude. L'exercice des droits politiques l'accoutume à s'estimer lui-même; il conçoit de sa dignité propre une haute idée qui tourne au profit de la morale publique. L'amour de la patrie et le goût du travail sont, je crois, une garantie de bonnes mœurs; or, ces deux vertus sont portées dans les Américains au plus haut degré que l'humanité puisse atteindre. Grâce aux institutions dont sa sagesse l'a doté, c'est le peuple le plus vertueux et le plus moral qui existe.

vent sous mes yeux. Le mot *gentleman* est prononcé aussi souvent qu'en Angleterre. Il n'en faut cependant rien conclure. Ce mot, dans son acception propre, ne devrait s'appliquer qu'à une certaine classe de la noblesse; mais, dans l'usage, on désigne ainsi toute personne bien élevée, *tout homme comme il faut*. C'est un titre sans conséquence, dont le refus serait offensant.

L'INCRÉDULE.

Évitons cette exagération d'éloges qui nuit toujours à la plus belle des causes. Pour être citoyens des États-Unis, l'on n'est pas des anges. Là comme ailleurs on paie tribut à la faiblesse humaine.

La preuve m'en serait, je pense, assez facile,
Si les raisons manquaient, je suis sûr qu'en tout cas,
Les exemples fameux ne me manqueraient pas [1].

LE VOYAGEUR.

Le seul reproche qu'il soit permis d'adresser peut-être aux mœurs du pays, c'est de dégénérer quelquefois en pruderie, d'attacher, comme en Angleterre, à des mots innocents une idée déshonnête qu'ils ne comportent pas, de repousser comme criminels des amusements admis dans toute l'Europe civilisée. Que dirait-on, par exemple, en France, si un honorable député se levait demain devant l'assemblée pour proposer une loi interdisant les bals masqués? quels éclats de rire l'accueilleraient! comme les brocards, les épigrammes pleuvraient le lendemain sur le malencontreux auteur de cette motion! quel déluge de plaisanteries bonnes ou mauvaises dans les petits jour-

---

[1] Voyez la *Gazette des tribunaux* du 7 août 1831, et le *Temps* du 8.

naux ! Une proposition de ce genre a été cependant soumise à la législation de l'état de New-York en 1829. Voici le fait : un usage, respecté dès long-temps à défaut de loi, voulait que les personnes masquées ne fussent point admises dans les réunions dansantes. Mais voilà que pendant l'hiver de 1829, un spéculateur de New-York, s'avisant de songer qu'une chose qui n'est pas défendue par la loi est permise, offre au public des souscriptions à un bal masqué. Il ne devait en être donné qu'un seul ; c'était de l'extraordinaire. La haute et belle société de la ville se rend à cette réunion d'un genre nouveau, malgré les remontrances de quelques esprits austères. Une seconde, plusieurs autres successivement, attirent la plus grande affluence. Le goût s'en répand, se communique aux classes tout-à-fait inférieures ; ce ne sont plus que des danses et des masques dans toutes les parties de la ville, dans les lieux les plus exposés aux regards du public, comme dans les plus cachés. Dans des caves même, à douze pieds sous terre, comme le dirent alors les journaux, il y eut de ces bals qui firent murmurer la pudeur publique. Le scandale éveilla enfin la sollicitude des magistrats. Un état voisin, la Pensylvanie, leur fournissait l'exemple de dispositions législatives qui prohibaient la faculté de danser en masques. On se hâta de l'imiter. Une loi fut proposée à la législature alors en session. Les délais inévitables de la discussion parlementaire ne permirent point qu'elle remédiât au désordre présent, mais elle dut y pourvoir pour les années suivantes.

Cette espèce de fureur avec laquelle toute une population se précipita dans un plaisir nouveau pour elle et favorable au désordre, peut sans doute donner beaucoup à penser. On en peut dire autant du goût assez vif du public américain pour les danses de théâtre. Aucune entreprise ne pourrait se soutenir sans danseurs à produire sur la scène. En vain le zèle puritain s'en effarouche et déclame dans les journaux contre l'invasion des mauvaises mœurs de l'Europe ; la foule court aux théâtres où ce spectacle lui est offert et s'en rassasie. Cependant les circonstances particulières aux États-Unis favorisent tellement le travail, rendent l'oisiveté si difficile, si honteuse, que les mœurs privées y doivent trouver une sauvegarde. Aussi s'accorde-t-on à représenter comme exemplaire l'union des familles. Les femmes sont, dit-on, d'excellentes épouses et d'excellentes mères. Elles se distinguent par des manières pleines de grâce et de dignité, souvent aussi par de l'instruction. Les hommes, en général, ne possèdent pas au même degré les qualités analogues. Mais quelque chose de très-recommandable chez eux, c'est leur respect pour le sexe, respect que j'ai vu se manifester en toute rencontre et sous toutes les formes. Dans les voitures publiques, dans les tables d'hôtes, dès qu'une ou plusieurs dames paraissent, les premières places leur sont à l'instant cédées. Dans les hôtels, paquebots, bateaux à vapeur, il y a un salon particulier pour elles. Partout vous êtes averti des égards et attentions que vous leur devez. L'avertissement peut même quelquefois paraître superflu, tant il est explicite. Je me souviens qu'un jour dans l'humble auberge d'une très-petite ville, je lus ces mots écrits au-dessus de la porte d'une chambre: *Ladies' dressing room; no admittance for gentlemen* (chambre de toilette des dames; les messieurs n'y sont pas admis). Cet avis me parut plaisant.

L'ENTHOUSIASTE.

Nous nous écartons à tort du but principal de cet entretien. Il s'agit de savoir lequel des deux pays est le plus libre, de la France ou des États-Unis. Pourrait-on ne pas prononcer hardiment en faveur de ceux-ci? L'élection n'y est-elle pas exercée par la presque universalité des citoyens; ne s'applique-t-elle pas à beaucoup plus de fonctions que parmi nous; ne s'élève-t-elle pas jusqu'à la personne même du chef de l'état?

L'INCRÉDULE.

L'élection ! voilà votre grand cheval de bataille !
c'est dans ce seul mot qu'on voudrait placer toute
la perfection des gouvernements modernes ; comme
si l'expérience ne prouvait pas déjà que l'élection
exercée par la masse du peuple aurait tout aussi
bien que les choix du pouvoir, ses caprices, ses
faveurs, même ses hasards ridicules comme ceux
de la naissance. On ne songe, par le système électif, qu'à nous prémunir contre les abus venant
d'en haut, et l'on ferme les yeux sur les dangers
que ce même système peut faire surgir d'en bas.
Quant à moi, tyrannie pour tyrannie, j'aimerais
mieux, si j'avais à choisir, celle d'un seul homme,
que celle d'une hydre à mille têtes.

LE VOYAGEUR.

Si l'on fait consister dans le droit d'élection la
liberté politique ; si l'on attache à ce mot l'idée
d'une part plus ou moins large que chaque individu
prend aux choses du gouvernement, il est hors
de doute que la somme en est plus grande aux
États-Unis, ce qui ne veut pas dire qu'on y jouisse
d'une civilisation supérieure ou même égale à la
nôtre. Le peuple de ce pays est certainement le
plus libre du monde entier. Mais, pour être de

bonne foi, il faut tenir compte des hasards heureux qui rendent facile de l'autre côté de l'Atlantique un système impraticable sur notre continent. Si vous voulez imiter en tout point ce gouvernement que vous trouvez si parfait, tâchez donc aussi de réunir en votre faveur toutes les circonstances qui concourent à la prospérité de ce bel ordre de choses. Voyez comme tout semble le favoriser à l'envi : une position géographique qui équivaut à un véritable isolement; point d'ennemis à proximité; point d'armée régulière sur pied, car on ne peut donner ce nom à six ou sept mille hommes au plus distribués dans les forts qui défendent le littoral et d'autres points touchant aux frontières des peuplades indiennes [1]; une population encore faible disséminée sur un territoire d'une immense étendue, par conséquent moins inflammable, moins accessible aux passions poli-

---

[1] A l'occasion de ces forts, rappelons avec un juste sentiment d'orgueil national que c'est le brave et savant général du génie Bernard qui vient d'employer quinze ans d'exil à les mettre dans le plus formidable état de défense. Ce n'est pas pour une nation ennemie qu'il a travaillé, car quelque peu de sympathie qu'il y ait dans le caractère national des deux peuples, la France et les États-Unis sont, politiquement parlant, d'excellents amis. Il ne peut pas exister d'alliance plus naturelle que la leur : en cas de guerre avec l'Angleterre, la marine de ces alliés pourrait nous prêter le plus utile secours.

4

tiques ; des terres à donner presque pour rien à
ceux qui ont des bras et une fortune à faire ; du
travail matériel pour tout le monde ; enfin, considération très-puissante, des esprits exercés et
rompus depuis long-temps au mécanisme du gouvernement représentatif. On sait en effet qu'au moment de leur séparation de la métropole, les colonies anglaises jouissaient d'institutions octroyées
qui admettaient les citoyens à une participation
plus ou moins grande aux affaires publiques. Leur
révolution de 1776 consista donc uniquement à
briser les nœuds qui les attachaient à la métropole.
Elles n'eurent qu'à se réunir en faisceau pour former un corps de nation, et à conserver, en les
modifiant, les institutions qu'elles possédaient alors.
La preuve que leur organisation coloniale était
déjà fondée sur un système de liberté assez large,
c'est que l'état de *Rhode island* n'a encore aujourd'hui, en 1831, d'autre constitution que la
charte qui lui fut octroyée en 1662 par le roi
Charles II. L'état de *Connecticut*, qui était dans le
même cas, n'a songé à modifier la sienne qu'en
1818.

Une seule des circonstances que je viens d'énu-
mérer est d'un poids immense : les États-Unis
n'ont pas d'armée permanente, les puissances de
l'Europe, au contraire, sont obligées d'en tenir sur
pied de très considérables. Or cette différence est

majeure; croit-on que si le trône en France était électif, comme l'est aux États-Unis la présidence, l'armée commandée souvent par des chefs ambitieux ne jouerait pas un rôle dans l'acte important de cette élection? la force des bayonnettes ne se mettrait-elle pas à la place du choix libre des électeur? Qu'on ajoute à cette difficulté celle qui résulterait de l'influence des cours étrangères sur le choix national, de la corruption qu'elles ne manqueraient pas de semer en France pour assurer un choix favorable à leurs intérêts; qu'on se représente les efforts d'un parti vaincu, composé soit des rejetons du droit divin, soit des rejetons du droit de l'épée, et l'on sera effrayé des dangers qui environneraient notre élection, dangers, dont l'ombre même n'existe pas aux États-Unis. Oui, ce pays est le plus libre des temps modernes; mais que les peuples européens, jaloux de conquérir une somme aussi considérable de liberté, n'oublient pas le sort réservé à qui veut trop s'étendre au delà de sa sphère.....

L'INCRÉDULE.

La grenouille voulant s'égaler au bœuf, en dépit de sa propre nature, est là pour nous en instruire.

La chétive pécore
S'enfla si bien qu'elle creva.

L'immense prospérité, qui fait l'envie et l'admiration de l'Europe, tient selon moi, comme je l'ai dit, beaucoup moins à la grande libéralité des institutions politiques, qu'à un concours fortuit de circonstances heureuses; une seule de ces bases venant à manquer entraînerait peut-être la ruine de tout l'édifice. Qui peut répondre, par exemple, que quand la population des États-Unis sera devenue quintuple de ce qu'elle est, c'est-à-dire portée à soixante ou soixante-dix millions (et dans ce cas elle ne se trouvera pas encore, proportion gardée, au niveau de celle de la France), qui peut répondre, dis-je, que le même régime politique sera facile à y maintenir, que la contrariété des intérêts entre le nord et le sud ne s'augmentera pas; que le besoin de la séparation provoquée déjà, en 1828, par la misérable question d'un tarif de douanes, ne deviendra pas plus pressant; que les états les plus populeux et les plus riches, sentant leur force, ne voudront pas s'élever au rang de puissances indépendantes; qu'il n'en résultera pas des haines de voisinage, des collisions, des guerres, avec tout ce qu'elles produisent, la nécessité des armées permanentes, l'ambition des chefs militaires, l'usurpation du pouvoir civil, etc.?.. Ce danger, pour n'être pas prochain, n'en existe pas moins, parce qu'il est malheureusement dans la nature des choses. Le temps est loin d'avoir donné sa sanction au système qu'on nous vante comme si parfait; les États-Unis, ne sont, pour ainsi dire, encore qu'à l'entrée de la carrière. N'est-ce donc rien, dit-on, qu'une épreuve de cinquante-cinq ans? Je répondrai: Qu'est-ce qu'un demi-siècle dans la vie des nations? Ce sont à peine quelques mois d'une existence d'homme.

Peuple modèle! admirables institutions, se plaît-on à répéter! oui, mais si belles qu'on les suppose, ces institutions, une tache abominable les souille encore; c'est l'esclavage. Combien l'enthousiasme ne se refroidirait-il pas, si l'on en tenait compte! Que devient le prestige de gloire et de liberté dont s'entourent les anciennes républiques de la Grèce et de l'Italie, quand on songe à ce nombre prodigieux de victimes humaines, que, sous le nom d'esclaves, elles nourrissaient dans leur sein! Est-elle bien sincère notre admiration pour ces hommes qui ne jouissaient du droit de souveraineté sur la place publique, qu'à la condition d'être dans leurs foyers des maîtres superbes et souvent cruels? La supériorité sociale n'appartient-elle pas incontestablement au citoyen des temps modernes, qui, ne devant à la constitution de son pays qu'une part assez minime dans l'administration des affaires, n'y voit pas du moins écrit en lettres de sang le droit de disposer d'une créature humaine comme d'une bête de somme? La liberté américaine mériterait donc plus de mépris que d'estime, mariée ainsi à l'esclavage, sans plusieurs circonstances, en quelque sorte atténuantes, auxquelles il est juste d'avoir égard. N'oublions pas que cette plaie a été léguée par l'ancienne métropole à ses colonies; que déjà une partie des états ont abdiqué le droit avilissant qui endurcit le maître et abrutit l'esclave; que s'il subsiste encore dans le reste de l'Union, cela tient sans doute aux difficultés qu'on éprouve à l'extirper. Il faut que ces difficultés soient bien réelles, puisque l'état le plus récemment admis dans la famille, le Missouri, n'a pu les vaincre; d'autres états moins jeunes, par exemple l'Ohio et l'Indiana, expriment chaudement dans leurs constitutions les motifs qui leur font proscrire l'esclavage. On regrette que le Missouri n'ait pu suivre un si bel exemple; il a statué, il est vrai, que l'esclave accusé jouirait comme tout citoyen du jugement par jurés, et ne pourrait être condamné à d'autres peines que celles prescrites contre les blancs; compensation bien insuffisante!

L'ENTHOUSIASTE.

Oui, l'esclavage de la race noire est un mal horrible que la philosophie du dix-neuvième siècle doit travailler à détruire, partout où il existe; mais

ıl sied assez mal aux peuples de l'Europe, particulièrement à la France, d'en faire un crime aux
États-Unis. Si, sur notre continent, ce mal n'af-
flige pas nos regards, y sommes-nous néanmoins
tout-à-fait étrangers? Ne voit-on pas dans quelques
ports des négociants français armer leurs bati-
ments pour le trafic des noirs? Nos compatriotes
d'outre-mer n'ont-ils pas en leur puissance des
troupes d'esclaves plus ou moins nombreuses,
sans lesquelles ils ne pourraient exploiter leurs
propriétés? Les gouverneurs placés à la tête de nos
colonies ne sont-ils pas souvent dans la nécessité
de fermer les yeux sur un commerce prohibé par
les lois? Cessons de reprocher aux Américains une
faute qui est aussi la nôtre. Nous sommes même
plus coupables qu'eux, car ils ne vont plus chercher sur les côtes d'Afrique cette marchandise
(puisque c'est le malheureux nom qu'il faut donner à des créatures humaines); l'importation leur
en est défendue, et ils respectent la défense; tandis que nous, Français, nous allons encore tous les
jours en Afrique acheter des noirs, pour les trans-
porter dans nos colonies.

LE VOYAGEUR.

L'importation des Nègres aux États-Unis est pro-
hibée, j'en conviens, et ne se fait pas clandestine-

ment, parce que la propagation des esclaves de l'intérieur est suffisante pour le besoin qu'on en éprouve. Sans cela, soyez sûr que la contrebande s'y exercerait comme ailleurs. Ne regardez pas comme incapable de violer la loi par avarice, un peuple qui joint à de très belles qualités sans doute, le défaut d'un amour excessif de l'argent. Le commerce extérieur des esclaves est remplacé par celui de l'intérieur; l'un n'est guère plus honorable que l'autre. La ville fédérale de Washington où se réunit le congrès, passe pour être un des principaux sièges de ce honteux trafic.

L'INCRÉDULE.

Je ne pardonnerai jamais aux Américains le maintien de l'esclavage. Écrire en tête de toutes leurs constitutions une fastueuse déclaration des droits de l'homme et fouler ouvertement aux pieds ces mêmes droits, c'est là non seulement une inconséquence qui me choque, c'est de plus une hypocrisie qui me révolte. Je ne conçois pas qu'avec cet abominable vice, leur gouvernement ait pu séduire autant les hommes et devenir un objet d'engouement public. Une seule chose me plaît de leur part, c'est qu'ils ne profitent pas de cette disposition des peuples à les imiter, pour faire la propagande insensée dans laquelle on aurait voulu nous entraîner naguère. Ils laissent venir à eux, et ne se jettent pas follement à la tête de qui ne les cherche point. Cela prouve au moins chez eux de la probité politique. Car pourquoi vouloir entraîner les autres peuples dans des révolutions qui peuvent leur devenir plus funestes qu'utiles? pourquoi imposer la liberté politique à ceux qui se contentent de la jouissance des droits civils?

LE VOYAGEUR.

Les Américains des États-Unis du nord sont garantis contre cette fièvre de propagande, par leur bon sens, par le calme de leur caractère, par leurs intérêts matériels qu'ils ne voudraient pas étourdiment compromettre dans l'affranchissement des autres nations. L'exemple de la propagande pouvait partir de chez eux ; ils ne l'ont pas donné. Rien ne leur était plus facile que d'en faire l'essai sur les peuples du Canada, d'origine française, et qui, en diverses occasions, récemment encore, avaient des sujets de mécontentement contre leur métropole anglaise. A leurs portes se trouve une colonie florissante soumise à un gouvernement despotique, l'île de Cuba ; non seulement ils ne tentèrent jamais de la détacher de l'Espagne, mais si une révolution y éclatait, si cette colonie voulait, comme tant d'autres, se rendre indépendante, ils s'y opposeraient ; ils interviendraient en faveur du despotisme contre la liberté. C'est leur intérêt et leur politique.

Ceci n'est pas une conjecture que je hasarde ; j'ai vu cette doctrine développée dans l'écrit d'un homme qui passait pour une des plus fortes têtes de l'Union, M. Clay secrétaire d'état sous la présidence de M. John Quincy Adams. Ainsi que ceux d'entre nous qui regardent les États-Unis comme un modèle qu'on ne saurait trop étudier, qui invoquent perpétuellement l'école américaine, que ceux-là cessent au moins de parler de propagande et d'intervention en faveur de tous les peuples insurgés ; ils tombent dans l'erreur et la contradiction.

L'ENTHOUSIASTE.

Cette erreur, si c'en est une, est celle des âmes généreuses qui regardent le bienfait de la liberté comme inappréciable, qui se dévouent en faveur des peuples courbés sous le joug du despotisme, à qui nul sacrifice n'est coûteux quand il s'agit d'aider leurs frères à reconquérir un droit sacré. C'est pour atteindre un si noble but que la guerre est permise, qu'elle est louable. Point de guerres d'*intérêt* ; elles sont criminelles ; mais celles de *principe* se justifient et s'ennoblissent par leur objet. L'antiquité même nous en fournit de beaux exemples. Au milieu des querelles sans cesse renaissantes de l'ambition et de la cupidité, on aime à voir la force des armes agir quelquefois dans le seul intérêt de l'humanité. Voyez Gélon, roi de Syracuse, imposant aux Carthaginois vaincus la condition de ne plus sacrifier à Saturne de victimes humaines. Voilà qui est beau, noble, sublime! C'est un triomphe semblable , le bonheur et l'émancipation des peuples, qu'il est seul permis aujourd'hui de chercher dans les combats.

L'INCRÉDULE.

Eh bien! égorgeons-nous donc pour des systèmes de gouvernement, pour des idées abstraites. Renouvelons dans le 19ᵉ siècle, au nom de la liberté politique , les horreurs commises dans les 15ᵉ et 16ᵉ au nom de la religion. Après bien des luttes sanglantes, la tolérance religieuse s'est enfin établie dans le monde civilisé. Des sectes différentes vivent aujourd'hui très paisiblement l'une à côté de l'autre. Pourquoi n'en serait-il pas de même des théories politiques ? Les peuples ne peuvent-ils, sans se haïr, différer dans leurs formes de gouvernement? Hors une seule, n'en est-il pas de compatible avec la civilisation et le bonheur de l'humanité? Il faut, dites-vous, que l'homme soit libre, complétement libre. Mais où vous arrêterez-vous dans la voie périlleuse qui doit vous conduire à ce but de vos vœux? Les États-Unis, voilà le phare qui vous guide, le point qu'il faut atteindre comme le *nec plus ultrà* de la liberté. Pauvres dupes! on vous a parlé tout à l'heure de ces peuplades in-

diennes qui ne veulent pas se plier à la civilisation
que les États-Unis leur présentent. Pourquoi? c'est
qu'apparemment dans leur vie sauvage elles se
sentent plus libres qu'elles ne le seraient sous le
joug des lois. Allez donc courir comme elles dans
les forêts, sans frein d'aucune espèce, s'il vous faut
arriver aux derniers confins de la liberté! Mais
pour ne point sortir de notre Europe civilisée, n'y
trouvez-vous pas un modèle encore plus digne de
votre imitation, la république de St-Marin? c'est
la nation qui possède le plus de liberté politique;
car chaque maison, sans exception, a son repré-
sentant au grand conseil. C'est le gouvernement au
meilleur marché possible, car lorsque la république
envoie un ministre extraordinaire en pays étranger,
elle ne lui alloue, conformément aux statuts, que
vingt-quatre sols par jour pour sa nourriture et son
entretien [1].

Cette plaisanterie termina la conversation; il n'y
eut que la jeune dame qui ajouta : Pour moi, si
j'étais homme, j'irais me faire citoyen des États-
Unis.

[1] Voyez l'analyse des statuts de cette république, qui se
donne le titre d'*illustrissime*, dans le tome 53 de la grande
histoire universelle traduite de l'anglais, partie moderne.

FIN.

www.ingramcontent.com/pod-product-compliance
Lightning Source LLC
Chambersburg PA
CBHW070943280326
41934CB00009B/1999